T0368487

Manual
para
comunicarse
eficazmente

por

Guillermo Fernando Álvarez Sánchez

Para realizar pedidos de este libro, contacte con:
Palibrio
1663 Liberty Drive
Suite 200
Bloomington, IN 47403
Gratis desde EE. UU. al 877.407.5847
Gratis desde México al 01.800.288.2243
Gratis desde España al 900.866.949
Desde otro país al +1.812.671.9757
Fax: 01.812.355.1576
ventas@palibrio.com
724957

ÍNDICE

Prólogo

México fue colonizado por los españoles entre 1519 y 1521. Con esto nos enseñaron su idioma. Así es que los mexicanos hablamos español como idioma oficial.

A muchos, los profesores nos enseñaron los pronombres personales como sigue; yo, tú, él, nosotros, vosotros, ustedes y ellos.

Gran error pues los humanos somos 2 géneros; **él** y ella. Muchos omitimos "ella" en las clases de gramática durante la primaria. También muchos tuvimos que mencionar "vosotros" en las clases, aunque los mexicanos nunca lo hemos usado al hablar ni escribir.

He preguntado a muchas personas cuáles y cuántos son los pronombres personales. Muchos no lo saben y por esta razón no los usan adecuadamente. Tardé mucho tiempo para descubrirlo y éste es el principio para una buena o defectuosa comunicación.

Las personas acostumbran decir: "se va a trabajar duro", en vez de "voy a trabajar duro", ó "hola, ¿cómo estamos?", en vez de decir "hola, ¿cómo estás?".

Otro error consiste en que la gente también habla y describe sus anécdotas o historias sin conjugar los verbos con los pronombres personales, ni en el tiempo pasado, por ejemplo:

"Voy al taller y le digo al maestro que si puede arreglar mi coche y me dice, no, porque estoy muy ocupado ahorita. Que regrese más tarde, y pues mejor voy a buscar otro taller."

Yo observo varios errores. ¿Voy o fui? ¿Digo o pregunté? ¿Al maestro? El señor no enseña, el señor repara coches. ¿Me dice o me dijo?

La forma correcta entonces es:

"Se descompuso mi coche. Fui a un taller y pregunté al mecánico 'señor, ¿puede arreglar mi coche?'. Me dijo 'no puedo ahora porque estoy reparando otro coche'.

Además, muchas personas, aun cuando no dedican tiempo para aprender el español, aprenden algo de inglés y quieren hablarlo como hablan español, por ejemplo:

"*How can I be of help*" Traducción literal: "¿cómo puedo ser de ayuda?". Cosa sin ningún sentido para los que hablan inglés.

Dedicatorias

A Sofía Álvarez,

Te recuerdo tanto, de pequeña, de 2 años. Yo estaba hincado, reparando algo en la casa. Tú, con tu respiración forzada por el catarro, tomaste con dificultad el martillo y casi me golpeas. Siempre te amaré.

29 de agosto de 1981 - 28 de septiembre de 2009.

A Marcela Álvarez,

Gracias a Dios que te tengo. Sin ti no sé qué haría, mi amor.

29 de agosto de 1984.

Esta es la forma correcta:

"*Tourist information*". Traducción: "Información turística". Esto lo entiende cualquier persona que habla inglés.

Otros ejemplos de formas incorrectas son:

"*Destination experts*". Probable traducción: "expertos en destinos".

"*Travel planners*". Probable traducción: "planeadores de viaje".

"*Weekend specialists*". Probable traducción: "especialistas de fin de semana".

Forma correcta:

"*Travel agency*". Traducción: "Agencia de viajes". Término mundialmente conocido.

Con los ejemplos anteriores es manifiesto que si las personas no estudian español, no podrán hablar eficazmente, ni comunicarse y entonces si no hablan bien español, no podrán hablar bien inglés. Lo único que conseguirán será "hacer rayas en el agua", pues el resultado es poco efectivo para conseguir su objetivo.

Una persona me dijo alguna vez "envíame un *mailing reminder* para agendar tu cita". Este es otro caso al usar términos en inglés que no tienen sentido alguno y que sólo crean confusión en la comunicación.

Para hablar eficazmente, solamente debemos usar las palabras adecuadas para que nuestra comunicación sea coherente. Esto es posible al aprender y a usar las Reglas Básicas HABEFIC.

Nuestro idioma contiene abundante vocabulario para comunicarnos eficazmente, sin embargo, la mayoría de la gente no pronuncia la palabras correctas debido a una simple razón; así como escuchamos las palabras y/o las obtenemos de las fuentes de información, así las almacenamos en la memoria y las decimos y pronunciamos igual al momento de querer comunicarnos, teniendo como resultado una comunicación defectuosa. Empero, lo anterior tiene solución con este *Manual para Comunicarse Eficazmente*.

Ejemplo de la forma incorrecta: "Ten". Cuando das algo.

Forma correcta: "Toma". Porque la persona va a llevar a cabo la acción de *tomarlo*.

Introducción

Soy Guillermo Fernando Álvarez. He dedicado mucho tiempo a la observación, al análisis, al estudio e investigación de la manera de hablar de los hispanoparlantes; mexicanos, españoles, argentinos, colombianos, paraguayos, uruguayos, venezolanos, puertorriqueños, cubanos, etc. Y todos hemos cometido el mismo error; hemos dejado de estudiar cómo hablar nuestro idioma.

He observado la complicación de la gente para poder decir algo; obviamente, yo fui uno de ellos. La razón es sencilla, nadie nos ha enseñado a estudiar español el español es una materia escolar. No nacimos hechos con el idioma insertado en nuestro cerebro, debemos aprender a usarlo. La materia "inglés" en Estados Unidos es la materia principal a lo largo de 8 años de la educación. El *spelling*, que significa "deletrear", es muy útil en ese idioma. Deletrear es, para mí, mejor que la gramática usual que nos enseñan en la escuela. Con esta práctica, las personas podemos aprender cómo escribir bien las palabras y usarlas adecuadamente, además de agregarlas a nuestro vocabulario, el cual deberá ser vasto para poder comunicarnos.

Yo hice una encuesta. Pregunté "¿qué beneficio obtuviste cuando entraste a la clase de inglés?". Muchos contestaron lo siguiente: "Pues… aprendí los verbos, a conjugarlos. A hablar inglés". Entonces debe ser lo mismo. La clase de español es para aprender a *hablar español*.

Después de varios años de analizar y observar, descubrí que las personas nacemos y empezamos a recibir información. La primer palabra que seguramente muchos pronunciamos fue "mamá". Pues bien, esta es la primer palabra de nuestro vocabulario y así, sucesivamente seguimos agregando cada vez más palabras a nuestro vocabulario de tal manera, que va a ser más fácil comunicarnos si agregamos constantemente más palabras a nuestro vocabulario porque todo lo que queremos conseguir a lo largo de nuestra vida es y será hablando.

Nadie de nosotros, ni tú, ni tus padres, ni tus abuelos, ni tus profesores o amigos, nadie de nosotros inventó ni creó las palabras, solamente las hemos escuchado y así como lo hemos hecho, las guardamos y las almacenamos, de modo que al querer comunicarnos, las buscamos en nuestra memoria y las pronunciamos al momento de querer decir algo. Por lo tanto, cuando no puedes decir lo que quieres o lo que sientes se debe a que no tienes un vocabulario abundante y porque tu vocabulario está en desorden.

Por esta razón desarrollé este *Manual para Comunicarse Eficazmente* pues descubrí que las personas todas las personas en todos los idiomas somos y estamos formados por la información que obtenemos de las siguientes fuentes:

1. - La familia, los padres, hermanos, abuelos, tíos y primos que son los parientes primarios.
2. - Los amigos cuando empezamos a socializar.
3. - La escuela.
4. - La lectura.
5. - Los compañeros de trabajo.
6. - Los medios masivos de comunicación, mismos que están en todo momento de nuestro entorno.

Las dos primeras fuentes de información, así como la quinta y sexta nos llegan libremente pues no las buscamos. La tercera y la cuarta son las que sí buscamos y son las más importantes, pues con éstas, las personas tenemos más conocimientos, cultura y preparación. Aunque también puedo decir que no todos tenemos la habilidad y mente ágil para comunicarnos igual y difícilmente una persona que no ha cursado una carrera se comunicará mejor que quien lo ha hecho.

A continuación proporciono las Reglas Básicas HABEFIC para poner en orden

tu vocabulario:

1.   - Saber los pronombres personales.
2.   - Hablar en primera persona.
3.   - Conjugar los verbos conforme a los pronombres correspondientes.
4.   - Conjugar los verbos en los tiempos pasado, presente y futuro.
5.   - Eliminar las muletillas.
6.   - Hacer preguntas concretas y dar respuestas concretas.
7.   - Hacer una pregunta y esperar la respuesta correspondiente.
8.   - Hacer uso de las palabras y los verbos adecuadamente.
9.   - Copretérito y pospretérito, su uso.
10. - Desarrollar la habilidad para interpretar lo que quiere decir nuestro interlocutor.

Desarrollo de las Reglas Básicas HABEFIC

Regla No. 1
Saber los pronombres personales.

Esta es la regla más importante para empezar a comunicarnos eficazmente. Debes saber los pronombres personales; yo, tú, él, ella, nosotros, ustedes y ellos, puesto que todas las palabras y la comunicación que queremos llevar a cabo es con nosotros mismos; las personas. Las personas somos el principio para todo intento de comunicación, no son las instituciones, los países, ni los gobiernos, ni las empresas, somos las personas. Como dije antes, hemos dejado de estudiar nuestro idioma. Cuando ingresamos a la escuela, ya poseemos algo de vocabulario, mismo que hemos adquirido de las seis fuentes de información que mencioné anteriormente. Los maestros nos enseñaron las vocales, sus sonidos y después el abecedario. Posteriormente a conjugar los verbos con los pronombres personales y en los tiempos presente, pasado, futuro y de una manera excesiva, también en copretérito y pospretérito por esto mismo muchas personas hablan conjugando los verbos con la terminación "aba" e"ía" constantemente y sólo estudiamos esta parte del idioma durante escasos tres años, porque damos por hecho que ya hablamos suficiente español y no es así.

Pregunta a cualquier persona en tu casa, en la escuela, en el trabajo, a tus amigos, cuáles son los pronombres personales. Te darás cuenta de que sólo un 5% lo sabe.

Regla No. 2
Consiste en hablar en primera persona; "yo".

Siempre debo asumir la responsabilidad de que lo que yo digo es mío, por lo tanto cuando hablo en primera persona, que es el pronombre "yo", empezarás a poner en orden tu vocabulario.

A continuación una tabla con ejemplos de la forma incorrecta y de la forma correcta al usar los pronombres:

Incorrecto	Correcto
Vamos a entrenar fuerte para ganar la pelea del sábado.	Voy a entrenar arduamente para ganar la pelea del próximo sábado.
Tenemos a Catalina Nolasco de Colombia.	Les presento a Catalina Nolasco de Colombia.
Le vamos a recetar cloromicetín para tomarlo por cuatro días.	Voy a recetarle cloromicetín. Tómelo por cuatro días.
Ya vendrá el análisis de cómo se jugó el partido.	Más adelante haré mis comentarios acerca de mi análisis del juego.
También no iremos a la fiesta.	Yo tampoco iré a la fiesta.
Hoy estamos arrancando con este tipo de programas…	Hoy presentaré a ustedes el siguiente programa…
En lo que va del año hemos logrado mucho.	Me siento muy bien porque he logrado mucho en este año.
Se trató pero no se logró.	Intenté, pero no lo logré.
Admiramos a un "top model" y entonces buscamos nombres que van "a doc" con este lenguaje.	Yo observo y localizo a un/una modelo y lo asesoro o capacito para que use el lenguaje adecuado.

Me dijeron que hay unos celulares de $1,000.00. ¿Me los puedes enseñar?	Quiero comprar un celular. ¿Puedes mostrarme algunos?
Terminó por caerse.	Se cayó.
Iremos a los deportes con Javier Martínez…	Ahora los deportes con Javier Martínez…

Regla No. 3
Consiste en conjugar los verbos con los pronombres correspondientes.

Ya que los verbos son acciones que los seres humanos llevamos a cabo (nacer, vivir, comer, dormir, crecer, jugar, estudiar, pensar, correr, descansar, querer, amar, soñar, etc.), todos los verbos que pronunciamos deben ser conjugados con los pronombres personales correspondientes (yo, tú, él, ella, nosotros/nosotras, ustedes y ellos/ellas).

Incorrecto	Correcto
Pronombre YO	
Estamos contentos por ser el inicio de año y queremos lograr nuestros propósitos.	Estoy contento porque empieza el año y quiero lograr mis propósitos.
Pronombre TÚ	
Hay que llevar el coche al taller.	¿Puedes llevar mi coche al taller?
Pronombre ÉL	
Se dio la aprobación para la construcción de la Línea 12 del Metro.	El Jefe de Gobierno Marcelo Ebrard dio la aprobación para construir la Línea 12 del Metro.
Pronombre ELLA	
México puede ganar el Concurso Miss Universo.	Ella es mexicana y puede llegar a ganar el Concurso Miss Universo.
Pronombre NOSOTROS	
Se van a plantar un millón de árboles en este mes, dijo el Gobierno de Sonora.	Vamos a plantar un millón de árboles en Sonora, dijo el Gobernador.
Pronombre USTEDES	
Se saben conocedores de su técnica para plantar las hortalizas.	Ustedes saben que han mejorado su técnica para plantar hortalizas.
Pronombre ELLOS	
México tiene un espaldarazo con las manifestaciones de los vendedores ambulantes.	Los vendedores ambulantes ocasionan caos vial en la ciudad al manifestarse.

Regla No. 4
Consiste en conjugar los verbos en tiempo presente, tiempo pasado y tiempo futuro.

Todos los sucesos que experimentamos los seres humanos los vivimos en tiempo presente, tiempo pasado y tiempo futuro. Por lo tanto todos los acontecimientos deben ser descritos con los verbos conjugados en estos tiempos y el tiempo pasado es el tiempo que más usamos puesto que lo que tratamos de describir, generalmente ya sucedió. El tiempo presente es efímero, esto que acabas de leer ya es pasado, ya lo leíste y el tiempo futuro es muy poco usado porque apenas lo vivirás.

Incorrecto	Correcto
Ayer **les informaba** de los estudiantes del Ajusco que se perdieron, pero ya fueron encontrados…	Los rescatistas de Protección Civil **encontraron ayer** a los muchachos perdidos en el Ajusco.
En Zacatecas, luego de que un camión **se descompusiera**…	Ramiro Olvera, chofer de un camión de carga en Zacatecas, **bloqueó** el carril derecho durante dos horas, debido a la falla de su vehículo.
Nunca se ve cuánto tráfico hay para que **llegara** tarde al trabajo.	No **pensé** cuánto tráfico iba a haber, así que **llegué** tarde al trabajo.
Voy a la tienda y **le digo**; dame una mermelada de fresa y **me da** una de durazno.	**Fui** a la tienda y **pedí** una mermelada de fresa al encargado, pero **me dio** de durazno.
Uno no tiene la culpa de que **se rompiera** la escoba.	**Rompí** la escoba accidentalmente.
Hace ratito **veo** que está cortando las plantas, luego ya no **la veo**.	La **vi** cortando las plantas y ahora ya no está allí.
Era Romero el que la **terminara** sacando.	Romero **sacó** el balón por la línea lateral.
Alguno de los integrantes de los Beatles **era** John Lennon.	John Lennon **fue** integrante de los Beatles.
¿No le gustaría que su familia **comiera** sano?	Estos productos son sanos para su familia.
Y a las afueras de Paris, una veintena de reporteros **se dieron cita**…	Muchos periodistas **llegaron** a Paris para hacer su reportaje acerca de los acontecimientos...
Ayer **se observaban** 73 exhalaciones del Popo por parte de los medios y el personal de Protección Civil.	El Popo **exhaló** 73 veces ayer y éstas **fueron observadas** por el personal de Protección Civil. No se reportaron daños.
¿Cómo **dice**?	¿Qué **dijo**?

Regla No. 5
Consiste en eliminar muletillas.

Las muletillas son palabras innecesarias que usamos como "apoyo" para intentar comunicarnos. Una vez que hayas asimilado las Reglas Básicas Habefic, vas a lograr eliminarlas.

Los siguientes ejemplos de la forma incorrecta son usados por mucha gente en su intento por comunicarse, sin embargo lo único que logran es confusión, pues el vocabulario es excesivo y la sintaxis desordenada. Aquí expongo las muletillas resaltadas con cursivas:

Incorrecto	Correcto
"Lo que pasa es que…"	
Lo que pasa es que me han dicho que hay unos televisores muy planos.	Sé que hay televisores planos y ligeros.
Jefa, *lo que pasa es que* mañana no voy a poder venir.	Lidia, ¿me autorizas no venir mañana a trabajar? Debo ir al médico.
Lo que pasa es que la lluvia de ayer inundó el distribuidor vial.	La lluvia de ayer inundó el distribuidor vial.
Lo que pasa es que pensó que pasaba pero no.	Intentó pasar pero no lo logró.
Lo que pasa es que si me cortas el pelo muy corto no me va a gustar.	Mario, no me cortes el pelo muy corto.
Lo que pasa es que a las afueras del Congreso de la Unión había muchos reporteros.	Muchos periodistas y reporteros estuvieron afuera del edificio del Congreso de la Unión.
"Lo que es…" o *"Lo que viene siendo…"*	
Hoy tenemos *lo que es* el salmón como plato fuerte.	Bienvenidos. Hoy servimos salmón, la especialidad de la casa.
Este es *lo que es* el Salón Imperial.	Este es el Salón Imperial.
Lo voy a comunicar a *lo que es* servicio a clientes.	Lo comunico a servicio a clientes. Buen día.
Estamos en todo *lo que es* el circuito interior. Le informamos que hay mucha carga vehicular.	Buenas tardes. Estoy en Mariano Escobedo y circuito interior. Le informo que el tráfico es denso en toda esta área.
Estamos en *lo que es* el Estadio Olímpico donde hay muchos porros y los gritos no se dejaron esperar.	Estoy cerca del Estadio Olímpico. La gente grita a favor de ambos equipos.
Hablo para comentarle que usted tiene *lo que es* un crédito pre-autorizado. En este caso sólo tiene que llenar *lo que es* una solicitud en su sucursal del banco que le corresponde.	Buenas tardes señor. Hablo del banco. Tiene usted pre-autorizado un crédito. ¿Puede pasar a la sucursal a llenar una solicitud? ¿Desea mayor información?
Esto es *lo que viene siendo* el conjunto habitacional. Tenemos departamentos desde un millón de pesos. ¿Quiere verlos?	Buenas tardes. Bienvenidos. ¿Quieren saber los precios de los departamentos? ¿Quisiera verlos después?
"La verdad es que…"	

*La **verdad es que** yo acostumbro salir de casa antes de las 8 a.m.*	Yo acostumbro salir de casa antes de las 8 a.m.
*La **verdad es que** yo no me siento a gusto en el grupo de canto.*	Creo que debo cambiarme del grupo de canto.
*La **verdad es que** no creo que ese coche sea tan bueno.*	Para mí no es bueno ese coche. Voy a ver otras marcas.
"*Ya*"	
***Ya** que caminaste por la calle de Centenario, **ya** llegas a donde está una tienda y **ya** tocas la puerta y **ya** te abrimos.*	Llega a la calle Centenario. Camina hacia el poniente doscientos metros y, junto a la tienda, está el número 84. Nos vemos más tarde.
*¿**Ya** llegaste? **Ya** vamos a comer para que **ya** te vayas a tu clase de Inglés.*	Hola. Vamos a comer para que puedas ir a la clase de Inglés.

Regla No. 6
Consiste en hacer preguntas concretas y dar respuestas concretas.

Al aprender las cuatro reglas anteriores, te será fácil hacer preguntas concretas y dar respuestas concretas.

Incorrecto	Correcto
Preguntas concretas	
Sergio, lo que pasa es que sería bueno que vinieras mañana porque queremos hacer el trabajo de biología.	Sergio, ¿vendrás mañana? Queremos hacer el trabajo de biología en equipo.
No sé. Lo que pasa es que mañana no sé si tengo que llevar a mi mamá a comprar unas cosas.	No. Mañana no podré venir.
Me dijeron que hay unos celulares de $1,000.00 ¿Me los puedes enseñar?	Hola. Quiero un celular de $1,000.00. ¿Me puedes mostrar alguno?
Preguntas y respuestas concretas	
Pedro, ¿conoces esta plaza comercial? *Respuesta*: Lo que pasa es que tengo un tío que vive por aquí pero no había venido a esta plaza.	Pedro, ¿conoces esta plaza comercial? No. No había estado antes aquí.

Regla No. 7
Consiste en hacer una pregunta y esperar la respuesta correspondiente.

Todas las preguntas que hacemos las personas requieren una respuesta adecuada. Si haces una pregunta y esperas la respuesta correspondiente vas a tener mejor resultado con tu comunicación. Al hacer varias preguntas al mismo tiempo, el resultado suele ser infructuoso. Siempre es mejor esperar la respuesta de cada una de tus preguntas.

Incorrecto	Correcto
Hola hijo. ¿Dónde estás? ¿Puedes recoger a tu hermana? Tengo que llevar la ropa a la tintorería y no he hecho la comida. ¿A qué hora llegas? *Respuesta*: Hola mamá. Estoy en el tráfico. Ya no puedo pasar por mi hermana.	Hola hijo. ¿Dónde estás? *Respuesta*: Hola mamá. Estoy saliendo de la plaza comercial. ¿Puedes recoger a tu hermana? *Respuesta*: Sí mamá. Ahora le llamo para coordinarnos. ¿A qué hora llegan a comer? *Respuesta*: A las 3 p.m., mamá. No creo que lleguemos antes.
Bueno, gobernador. Entonces ¿qué van a hacer con el tema de la contaminación? ¿Van a adquirir equipo adecuado? ¿Van a adquirir nueva tecnología? ¿Van a contratar personal calificado?	Buenas tardes. ¿Qué va a hacer con el problema de la contaminación en su Estado?

Forma incorrecta:

Cómo hacerse necesitar.

Forma correcta:

"Cómo llegar a ser necesario".

Te aseguro que has escuchado muchas de estas expresiones que realmente son graciosas. Puedes decirlas de la manera correcta si tomas en cuenta este manual. Veo las faltas de redacción, el uso de palabras que no corresponden a lo que quiere decir la gente. He dedicado mucho tiempo a la observación, al estudio y a la investigación de la manera de hablar de la gente y mi conclusión es que dejamos de estudiar español. ¿No es verdad que si quieres aprender a hablar inglés debes tomar clases, muchas horas de clases de inglés?

Pues bien, estudiar español es muy sencillo, aprende los adjetivos, los adverbios, las preposiciones, los artículos determinados e indeterminados. Qué es un sustantivo, y vas a ver que importante es saber esto y así por consecuencia seguirás interesado en la parte más importante y práctica de nuestro idioma.

Debido a la desatención del conocimiento de nuestro idioma, algunas personas no saben que "ha" es un verbo conjugado y "a" es una preposición.

… se **ha** dado **a** conocer, es la forma correcta.

Regla No. 8
Consiste en hacer uso de las palabras y los verbos adecuadamente.

Las personas han difundido la palabra "aperturar"; esto es incorrecto, "abrir" es correcto. Yo no "aperturo" sino que *abro* una cuenta de cheques ni "aperturo" una puerta.

La palabra apertura no debe ser usada para instruir la entrada a un inmueble. Estos errores los comete la gente debido a que han escuchado mucho esta palabra y la quieren aplicar en estos casos y así mismo, la palabra contactar, generar, visualizar, entre otras.

La forma correcta es; para **abrir** la puerta, oprima el número del departamento y #, después oprima su clave de 4 dígitos y #. Ejemplo: 1503# 1111#

Así mismo, convierten un sustantivo "promoción" en verbo; "quiero promocionar mi catálogo de productos. Promoción es el sustantivo del verbo promover, por lo tanto la forma correcta es; "quiero promover mi catálogo de productos". O "empaquetar" del sustantivo paquete que proviene del verbo empacar.

La idea de una periodista que ha provocado un auténtico terremoto entre las mujeres. Esta redacción no tiene coherencia. El sentido de la redacción en la imagen es incomprensible.

Regla No. 9
Copretérito y pospretérito, su uso.

El copretérito se caracteriza por la terminación "aba" en los verbos; por ejemplo: estaba, cerraba, trabajaba, etc. Su uso queda condicionado a la acción de otro verbo. Un ejemplo de la forma correcta en su uso es el siguiente: "yo me estaba bañando cuando sonó el teléfono y no pude contestar". Y un ejemplo de la forma incorrecta es: "el día de ayer comenzaba un conflicto entre Israel y Palestina y aún sigue en pie". Una forma correcta de expresar el sentido de lo anterior es; "ayer surgió el conflicto entre Israel y Palestina. Hoy no ha sido resuelto todavía por sus líderes políticos". Otro ejemplo de forma incorrecta es; "me estaban diciendo que la guanábana es un fruto para el cáncer.", pero la forma correcta es: "científicos en alimentos informaron que la guanábana puede ser un anticancerígeno".

Es muy común que la gente pregunta; "¿sería todo señor? Y confirman; "serían $200.00". Más bien la forma correcta es; "¿es todo señor? Son $200.00".

En ambos casos del uso del copretérito y del pospretérito usados de manera repetitiva por la gente es porque en la escuela han insistido con el tiempo y dedicado a la conjugación en estas formas y como lo mencioné antes; todos los hechos y acontecimientos que vivimos los seres humanos, suceden en tiempo pasado, tiempo presente y en tiempo futuro. El copretérito y el pospretérito son auxiliares de nuestra comunicación.

Incorrecto	Correcto
Este sería el llavero y serían 200 piezas, ¿cuánto costarían y cuándo estarían?	Estos son los llaveros. ¿Cuánto cuestan y cuál es el tiempo de entrega?
Habría que verlos cuando lleguen para autorizar la entrada.	Tengo que verlos cuando lleguen para autorizar la entrada.

Regla No. 10

*Consiste en desarrollar la habilidad para interpretar
lo que quiere decir nuestro interlocutor.*

Para desarrollar la habilidad de interpretar lo que quiere decir nuestro interlocutor, es necesario dominar la Reglas Básicas anteriores. Para entonces es preciso haberlas comprendido y aprendido para comunicarse eficazmente. De lo contrario corres el riesgo de crear conflicto con las personas debido a una mala manera de hablar. No es lo mismo interpretar correctamente para llevar a cabo una comunicación entre ambos, que adivinar lo que cada cual intenta decir.

A continuación expongo ejemplos de casos reales en los que las personas incurren en errores al hablar, seguidos de correctas formas sugeridas para lograr una buena comunicación.

Incorrecto	Correcto
-Sr. García, lo que pasa es que vengo en el tráfico y yo quería saber si me podría esperar para recoger mis llaves porque la verdad es que hay mucho tráfico y… *-Buenas tardes, Sr. Pérez. Cerramos a las 8 p.m. Son las 6:30. (este ejemplo es para llevar a cabo esta Regla Básica).	-Sr. García, buenas tardes. -¿A qué hora cierran? Quiero recoger las llaves de mi departamento. -Buenas tardes, Sr. Pérez. Cerramos a las 8 p.m. -Voy para allá, Sr. García. Gracias.

Módulos HABEFIC

Módulo 1.- Por qué hablo de tal manera.

Todas las personas somos un cúmulo de información y hablamos conforme al entorno social al que pertenecemos. Somos una copia de los demás porque las palabras que escuchamos las asimilamos y guardamos en nuestra memoria y al querer comunicarnos, buscamos las palabras que almacenamos en un "folder" de la mente y las pronunciamos con el "acento" del grupo social al que pertenecemos. De hecho, también copiamos los modismos, los gestos y movimientos corporales de los demás.

Si una persona dice "me genera estrés el tráfico", la persona que escuchó decirlo lo va a repetir de igual forma a pesar de que la forma correcta es "el tráfico de la ciudad me estresa mucho". Si una persona dice "me cansé mucho para llegar al supermercado", y su interlocutor pregunta "¿otra vuelta?", es debido a que ha escuchado a alguien más decirlo así aún cuando la forma correcta es "¿otra vez?". Si alguien pronuncia o dice "haiga", las personas que viven con esa persona probablemente lo dirán igual. La forma correcta es "haya", del verbo haber.

Por lo anterior es un hecho que somos el resultado de las seis fuentes de información ya antes dichas: La familia, los padres, hermanos y parientes primarios. Los amigos cuando empezamos a socializar. La escuela. La lectura. Los compañeros de trabajo y, los medios masivos de comunicación.

Alguien dijo "de nueva cuenta" y esta expresión ha sido muy difundida, así mismo "carga vehicular", "en la zona centro", "a las afueras", "nubosidad", etc. Sugiero buscar las palabras adecuadas que han sido sustituidas por las expresiones idiomáticas anteriores.

Ejemplo de la forma incorrecta:

Usted se encuentra en una situación de judicialidad.

La forma correcta es:

Señor. Usted está en un problema legal.

Ejemplo de la forma incorrecta:

Porque tiene usted elementos extraños dentro de su organismo, conforme a que se pasó por el "scanner room".

Forma correcta:

Porque usted tiene *objetos* extraños en el estómago, conforme al resultado al haber sido pasado por el escáner.

En México la gente dice; ¡aguas! En vez de decir; ¡cuidado! Esta expresión solía decirla la gente en la Época de Colonia porque no había drenaje y arrojaban orina con una bacinica (utensilio higiénico), ahora ya sabes si dices "aguas" o ¡cuidado!

Y así debe ser en otros países. La gente dice las cosas como las escucha y rápidamente las difunden. De igual forma escriben los correos y los mensajes de texto. "K" en vez de QUE, etc.

Módulo 2.- Cuánta información poseo para comunicarme.

Las personas vamos a comunicarnos con la facilidad o dificultad creada por el vocabulario que hemos asimilado con el tiempo y según la información que hemos conseguido de las seis fuentes de información. Para mejorar nuestra comunicación debemos tomar en cuenta que mientras más estudiamos, leemos e investigamos el significado de las palabras, mejor resultado tenemos con nuestra manera de hablar, con nuestra manera para comunicarnos.

Algunas personas pronuncian "gafet". La forma correcta es "gafete". Un gafete es un accesorio hecho de algún papel o cartulina, impreso con el nombre y cargo de una persona, con un acabado de laminado plástico transparente. También son hechos de metal o plástico con el nombre del empleado de algún establecimiento u oficina que atiende al público en general.

Módulo 3.- Cómo aumento mi vocabulario.

Para aumentar el vocabulario debemos poner atención a todas las palabras que escuchamos. La gente supone que lo que escribe está escrito correctamente pero muchas veces no es así.

En una ocasión, la secretaria de un cliente me envió un correo con este enunciado: "Para ser deposito".

La forma correcta es: "datos para *hacer* depósito".

Con este ejemplo muestro que la gente pronuncia las palabras sin revisar cómo deben ser escritas, esto se debe a que no estudian el idioma español. El idioma español debe ser estudiado por todas las personas constantemente para comunicarse eficazmente. Es muy importante saber qué es un adverbio de lugar, adverbio de posesión, los artículos determinados e indeterminados, etc. Esto es estudiar español y no leer literatura universal por ejemplo, puesto que la literatura es un estilo y tema de escritura que ha sido escrito por autores más ellos no enseñan español *per se*.

A continuación proporciono algunas palabras para buscar su significado tanto en un diccionario impreso como en algún buscador de internet. Si haces este ejercicio podrás aumentar tu vocabulario:

Abrevadero	Afiche	Aljibe
Ambos	Apostillar	Adagio
Beligerante	Bellaco	Basto
Chantaje	Cíclope	Colapsar
Compilación	Competitivo	Convergen
Consuetudinario	Cretino	Crestomatía
Desguazar	Disentería	Discernir
Ecléctico	Ecuménico	Esquilar
Esotérico	Esparcir	Esquivar
Efluvios	Escrutinio	Frivolidad
Fenogreco	Frugal	Galimatías
Gambusino	Híbrido	Hurgar
Intrincado	Indulgente	Junco
Madriguera	Misógino	Núbil
Ostia	Ostra	Omdusman
Palmarés	Pergeñar	Pesebre
Pestillo	Plañideras	Policromía
Plebiscito	Prensil	Prenunciar
Reanudar	Reductos	Regurgitar
Reliquia	Redimir	Retozar
Sanguijuelas	Sarcófago	Sitibundo
Sibarita	Socavar	Sofisma
Sotavento	Tonel	Tripartita
Vanguardia	Veedor	Vega
Yerto	Yesca	Yeta
Zafra	Zata o zatara	Zurupeto

Ejemplo de un texto galimatías escrito en un correo electrónico:

> Hola Pedro Buenas Tardes;
>
> Te mando el logro que queremos que se gravé,
> En bajó relieve en la parte supieron izquierda en forma
> horizontal el rectángulo. Y la fecha de nuestra vida en la
> parte inferior derecha como 20DIC14.
>
> Seria 90 piezas para que ménades el presupuesto, ale se
> Acuerda bien de lo platicado hace ya unos meses.
> Mándame tu número de cuenta para hacerte el depósito y
> no quemés factura y saber para cuando nos lo puedes
> Entregar y que incluye.
>
> Saludos espero tu respuesta.

¿Sabías que…?

Feto significa descendencia. Universidad significa universo de conocimientos. Nosotros usamos abecedario no usamos alfabeto, pues alfabeto proviene de alfa, beta, gama… que son letras griegas. Percha es un gancho para la ropa y la última morada es el ataúd. Ahora ya lo sabes.

Aquí, ahí y allá, definen como todas las palabras, con exactitud su significado:

Aquí estoy parado. *Ahí* está mi casa, es para definir una distancia corta. *Allá* en Morelos vive mi hermana, es para definir una distancia más larga.

Ejemplo de la forma incorrecta:

-¿Qué es ahí?

Forma correcta:

-¿Qué es eso?

Sinónimos del verbo generar; *causar, ocasionar, producir, provocar.* Mismos que pueden ser usados en vez del verbo *generar.*

Acceder significa ceder. Ejemplo: "yo accedo a que llegues tarde si es por alguna razón importante". Acceder a mi correo electrónico es incorrecto, la forma correcta es; "yo abro mi correo electrónico".

Uso del singular y del plural. Ejemplo de la forma incorrecta es: "¿son suficientes crear estos mecanismos?", la forma correcta es: "¿es suficiente crear estos mecanismos?".

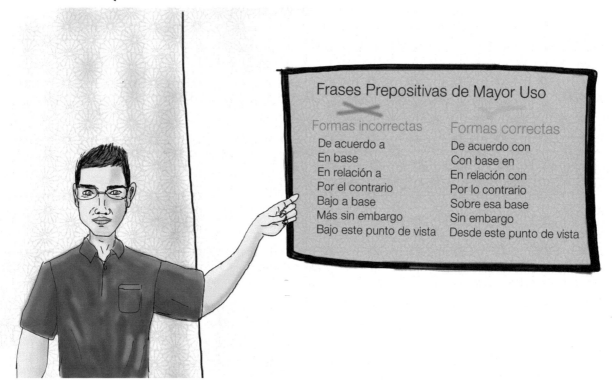

En esta ilustración el enunciado "FORMA INCORRECTAS y FORMAS CORRECTAS" es incorrecto, ya que *FORMA INCORRECTA y FORMA CORRECTA* significan toda la columna en ambas columnas.

Objetivo y propósito.

Ejemplo de la forma incorrecta es: "me dirijo a usted con el objetivo de que me dé una cita", la forma correcta es: "mi objetivo es tener una cita con usted". Ejemplo de la forma incorrecta es: "mi propósito de mi llamada es conseguir una reunión con usted". La forma correcta es: "el propósito de mi llamada es conseguir una cita con usted".

Módulo 4.- Qué quiero. Cómo conseguirlo.

Para conseguir algo es importante saber los verbos y conjugarlos en primera persona (yo). El verbo "querer" es un auxiliar muy útil. Si llegas a un establecimiento o hablas por teléfono o escribes un correo electrónico, conseguirás lo que quieres usando el verbo "querer".

Con el uso del verbo querer podemos obtener buenos resultados. Es importante investigar el significado del verbo de lo que quieres conseguir, ejemplo: quiero grabar algo, quiero poner un anuncio, quiero estudiar alguna carrera, quiero saber cómo ir a tal lugar, etc.

Incorrecto	Correcto
Lo que pasa es que me dijeron que hay unos celulares muy baratos.	Hola. Quiero comprar un celular. ¿Me puedes mostrar algunos?
Estoy buscando un perfume para mi mamá y ella dice que aquí los venden.	Hola. Quiero un perfume para mi mamá. Me dijo que puedo comprarlo aquí.

Módulo 5.- Conjuga sólo un verbo en las oraciones o frases.
Conjugar sólo un verbo en nuestras expresiones.

Siempre conjuga el verbo con el pronombre correspondiente al principio de tus expresiones. Según sea el caso, el segundo verbo deberá ser dicho en tiempo infinitivo, cuya característica son las terminaciones *ar, er, ir*. Esta es la manera en que podrás describir claramente lo que quieres decir.

Incorrecto	Correcto
Luego de que algunos no trajeron la bata que les dije que **trajeran**, es imposible hacer la práctica de laboratorio.	Muchachos, ayer les **pedí traer** la bata blanca para hacer la práctica en el laboratorio. ¿Quién la **trajo**?
Martha, te pedí que **llevaras** la factura con la Sra. Ramírez y ya me dijo que estaría esperándola.	Martha, te **pedí llevar** la factura con la Sra. Ramírez. Está esperándola.
Luego de que se **perdiera** un camión con su valioso contenido, la empresa propietaria solicitó su búsqueda a la autoridad correspondiente.	Un empleado de la empresa Herrajes, S.A., **hizo** la denuncia del robo de un camión con un valioso contenido para *recuperar*lo a la brevedad.

Módulo 6.- Los cuatro mostradores.

Todas las aproximaciones que las personas tenemos con los demás son a través de un mostrador, sea físico, imaginario, electrónico o virtual. Para empezar una buena comunicación, debes preguntar el nombre de la persona con quien vas a comunicarte. Algunas veces tienen un gafete con esta información, por ejemplo los meseros, las recepcionistas, los oficiales de policía, etc. Al llevar a cabo este método, vas a notar que tu comunicación va a ser mejor.

El mostrador físico es un escritorio en una oficina, una vitrina o un mostrador en un establecimiento. Ejemplo de la forma incorrecta para preguntar: "lo que pasa es yo ando queriendo comprar un celular *Samsung* y quería saber si abrían los domingos".

La forma correcta es: "Hola. ¿Cómo te llamas? ¿Abren los domingos?".

El mostrador imaginario ocurre cuando nos encontramos con alguien en un pasillo o en la calle. Ejemplo de la forma incorrecta: "Roberto., fíjate que mañana hay varios pendientes y quería saber si vas a venir". Forma correcta: "Roberto, ¿vendrás mañana? Quiero que vayas al banco y después lleves el coche al taller". Otro ejemplo de la forma incorrecta es: "es de que lo que pasa, mi hijo quiere ir a ver si es que lo van a admitir en la escuela y yo no sé si es que su mamá, mi esposa, lo va a encaminar". La forma correcta para dar sentido a esto es: "No, mañana no vendré, pedí permiso para llevar a mi hijo a la escuela".

El mostrador electrónico es el teléfono fijo o el celular.

Ejemplo de la forma incorrecta: "¿bueno?, lo que pasa es de que yo quería saber si está Luis".

La forma correcta es: "Buenas tardes, ¿Puede comunicarme con Luis, por favor?

El mostrador virtual es la computadora, el *iPad*, la *Tablet* y también el *Smartphone*. Ejemplo de la forma incorrecta:

"Buenas tardes, les hablo porque quería saber en cuanto salen 1,000 hojas impresas".

Forma correcta: "Buenas tardes, los encontré en internet. Por favor coticen 1,000 hojas tamaño carta impresas a dos tintas. Atte. Carlos Gutiérrez. Abastecedora del Centro, S.A. de C.V. Tel: 55 55 55 55".

Mucha gente pregunta para saber el precio de algo "¿en cuánto saldrían?", pero las cosas no salen, las cosas cuestan. Por esta razón, es importante usar las palabras adecuadas en cualquier momento para lograr una comunicación eficaz. La forma correcta es; ¿Cuánto cuesta?

En estos cuatro mostradores nos encontramos a lo largo del día todos los días, y a través de éstos nos comunicamos con los demás.

Módulo 7.- Las cuatro palabras mágicas.

Las siguientes son expresiones muy usadas por las personas:

a.- *Por favor.* Cuando pides algo.

b.- *Gracias.* Cuando lo recibes.

c.- *Con permiso.* Cuando están las personas en el trayecto de tus pasos.

d.- *Saludar.* Saludar es una muestra de cortesía.

Las 2 primeras; *por favor* y *gracias*, son usadas por muchas personas pero no usan *con permiso*, muchas personas casi ocasionan accidentes cuando algunas veces llevan algo en ambas manos y no dicen *con permiso*, usa esta palabra mágica y verás la diferencia.

También sugiero promover *el saludo* en cualquier momento. Esta es una expresión que denota crecimiento humano. Asimismo, decir "no, gracias" es tan bueno como decir "sí" cuando te piden una cita o te ofrecen algún producto o servicio, ya que algunas veces estás detrás del mostrador y otras muchas frente a éste. Lo anterior debe ser llevado a cabo en persona, por teléfono o por correo electrónico. "No, gracias. No quiero su producto, su servicio o verlo en una cita".

Módulo 8.- Los verbos en infinitivo, en gerundio y en participio.

Esto es como yo recomiendo estudiar español.

Los **verbos en infinitivo** son palabras que expresan acciones y su terminación es; "ar", "er" e "ir".

Estos **verbos** representan las formas básicas de los mismos y se clasifican en regulares o irregulares. En otras palabras podemos señalar a los **verbos en infinitivo** como aquellos que se encuentran en su forma original o sea que no están conjugados con algún pronombre o en algún tiempo y precisan de otro verbo para tener sentido.

Ejemplo:

Ayer *no pude* **manejar** al trabajo porque mi coche está descompuesto.

Crestomatía

El **Gerundio** es una forma no personal del verbo que indica que una acción está en desarrollo,

Crestomatía.

En español el gerundio se forma añadiendo al lexema del verbo los siguientes sufijos:

-**ando**: *camin**ando**, cant**ando**, jug**ando**,...*
-**iendo**: *corr**iendo**, entreten**iendo**, r**iendo**,...*
-**yendo**: *o**yendo**, prove**yendo**,...*

Crestomatía.

El gerundio es un auxiliar generalmente, como lo van a leer en los siguientes ejemplos.

Crestomatía.

*Angela estaba **leyendo***
*Braulio está **escribiendo***
*Jorge estaría **leyendo***
*Tú te vas y yo me quedo **muriendo** lento (metáfora)*
*Lo encontré **caminando** por la calle*
*Estuve todo el día **riendo***
*¡Estoy **hablando** por teléfono!*
*Me divierto mucho **cantando***
*Teresa estaba **exponiendo** cuando la interrumpiste*

Es incorrecto decir:
-Ayer les estaba comentando que el tipo de cambio peso-dólar se movió a la alza a favor del dólar.
La forma correcta es:
Les informo nuevamente que el tipo de cambio peso-dólar se movió a la alza a favor del dólar.

Crestomatía.

El **participio** se denomina así dado que participa de dos distintas **formas gramaticales**: el **adjetivo y el verbo**, es la forma no personal del tiempo que éste adquiere con la finalidad y terminan en "ado/ada" y "ido/ida". El participio se conforma con la unión al sufijo de las terminaciones "ado/a" o "ido/a", dependiendo de la conjugación del verbo. Ejemplos de **verbos en participio** son:
Comentado, bailado, bebido, comido, sentido, prendido, construido, etc.
Es incorrecto decir:
Ya se inició la construcción de la Línea 12 del Metro.
Se estableció este domingo el horario de verano.
La forma correcta es:
La construcción de la Línea 12 del Metro ya fue iniciada.
Este domingo fue establecido el horario de verano.

Módulo 9.- Los verbos reflexivos.

Los verbos reflexivos son aquellos en donde recae la acción en uno mismo. Por ejemplo sentarse, caerse, levantarse, enojarse, aburrirse, quejarse, dormirse, despertarse, etc. Frecuentemente se hace un excesivo uso de la forma reflexiva sobre verbos que no son por sí reflexivos. Ejemplo de la forma incorrecta: "espérense". "Esperen" es correcto. "Métanse a bañar" es incorrecto, lo correcto es "báñense". Lo mismo para "pónganse a estudiar", lo correcto es "estudien". Hay verbos reflexivos que indican acciones recíprocas, tales como amarse, conocerse, pelearse, encontrarse.

Módulo 10.- Uso correcto de las palabras y de los verbos.

Esta parte de la comunicación es sumamente importante. Las personas debemos saber y darnos cuenta que decimos palabras que muchas veces no corresponden lo que queremos comunicar. Lleva a cabo este ejercicio. Escribe en un cuaderno qué entiendes de las siguientes expresiones:

Es ciertamente pragmático.
De entrada.
Desdibujar.
Su integridad física.
Dilapidando pasiones.
Es tiempo de ponerse creativo.
Empareja la puerta.
Hacer de las suyas.
No te desdigas.
Aguántame tantito.
Ve. Pero sin moler.
Se dieron cita.
Hubo un operativo.
Chucha cuerera.
¿Ay! ya se fueron?
Emocionalidad.
Al intentar detener su caída.
Judicialidad.
Déjenme les cuento.
Tarjeta *amarela*.
Abrieron fuego a dos personas del sexo masculino.
Trancuilos.
También se están rehabilitando 94 mil metros.
Recomponer.
No tuvimos problemas mayúsculos.
Por ello.
Había como 20 agentes vigilando ahí para que no hubiera chanchullo.
Aguas.
A una flor y a una mujer no se le pega.

Hazte de cuenta.
No me gusta nada su cara.
Se desafana.
Se requiere que haya vigilancia en las carreteras.
Porque no tenemos buenas atenciones en esta oficina de gobierno.
Y no pudo hacer su jugada.
Planificar.
Y sin hablar el diálogo se extingue.
Peligrosidad.
Me tocó que me llevara varias veces su carro.
De nueva cuenta.
Tantito, siéntese tantito.
Amaga con salir.
No puede ser posible.
El PAN quedó por los suelos.
Tenía un dolor bárbaro.
A todas y a todos.
Tiene bien hermoso su cabello.
Multinacional.
Se experimentará otra vez lo mismo.
Dispensador.
Nos pegó duro la lluvia prácticamente en todas las delegaciones.
Carga vehicular.
Poco después se descubrió que ni siquiera era francés.
Sobredividir.
Aquí está el momento en que el balón se pasea.
Ataca en forma de bayoneta.
No las deja ahí tener esa diferencia.

¿Qué te pareció ese resultado?

Hoy se registraron lluvias generalizadas.

El otro día me puse a hacer memoria.

Que por lo pronto se facilitarán las cosas.

Tú agarraste a mordidas el sándwich.

A mí fue el primero que se me impactó por atrás.

Es el reporte que tenemos.

Al principio que llegamos teníamos un serio problema.

Eran los dos cambios cantados.

Nueve personas perdieron la vida al parecer en un bar.

Lo importante es cerrar filas.

Hay una gran posibilidad de que logremos una ganancia.

Con el puro vuelo llegamos.

Sí. Ese es el chiste en este juego tan hermoso.

A ver si se dan 20 minutos para responder.

Una nave que cuenta con 15 toneladas de peso.

La falla fue en los frenos de la unidad.

Líbrate de rumores, comentarios maliciosos y gente deprimida.

Me aventó una trompada.

Hasta el momento quedando a deber la República Checa.

De los más altos mandos policiacos.

El Arte de saber Comunicarse

Comunicar no es arte, comunicar es una habilidad.

Preposiciones?

Las preposiciones son; a, ante, bajo, con, de, desde, durante, en, entre, hasta, hacia, mediante, para, por, según, sin, so, sobre y tras.

Las conjunciones.

Las conjunciones son; coordinantes, "o" e "y" o subordinantes, como "porque" o "aunque".

He observado que la gente está usando "pero" en vez de "y"
Ejemplo de la forma incorrecta:
Algunos inversionistas han invertido en México, pero eso traerá más empleos.
La forma correcta es:

Algunos inversionistas han invertido en México *y* esto traerá más empleos para los mexicanos.

Módulo 11.- Dirígete a las personas por su nombre.

Siempre es mejor dirigirse a las personas por su nombre. No digas; "joven, ya sabemos lo que vamos a comer", mejor di "Pedro, por favor, ¿nos toma la orden?". Tampoco digas "soy el chico que iba a traer estas cosas", mejor di "Soy Juan, hablé para decir que traería estas cosas".

Si las cosas tienen nombre (silla, casa, coche, pluma, reloj, etc.,) y las personas somos más importantes que las cosas, entonces la comunicación será mejor hablándonos con nuestro nombre. Muchas personas nos sentimos bien si nos preguntan y nos empiezan a hablar diciendo nuestro nombre. Asimismo, si yo digo mi nombre a la persona con quien quiero conseguir algo, el resultado será notorio.

Este es un ejemplo de la forma incorrecta:

-Joven. Disculpe.

-¿Sabes si puedes arreglar mi reloj?

La forma correcta:

-Buenas tardes.

-Disculpa, ¿cómo te llamas?

-Me llamo Juan.

-Juan, ¿puedes arreglar este reloj?

-Sí, señor. Cuesta $ 50.00

Ejemplo de la forma incorrecta para relatar una historia o anécdota: "un muy buen amigo mío estuvo en el mundial de Francia y dice que hubo muchos mexicanos en ese Mundial allá". Esta es una mejor forma: "mi amigo Luis estuvo en el mundial de Francia y dijo que notó que muchos mexicanos estuvieron en ese mundial".

Módulo 12.- Títulos, profesiones, oficios, señor, señora, joven, don, doña y amigo.

Con este módulo podrás aplicar tu criterio para dirigirte a las personas. Cuando acabas de conocer a una persona y te da su tarjeta de presentación, ahí mismo te ha indicado si tiene o no tiene profesión. Esta es una parte importante de la información de una persona.

Si la tarjeta tiene impreso Lic. Jorge Gutiérrez Zermeño, él es el Lic. Gutiérrez.

Si la tarjeta tiene impreso Jorge Gutiérrez Zermeño, él es el Sr. Gutiérrez. Lic. Jorge o Sr. Jorge es incorrecto.

Debe hacer lo mismo con las personas de sexo femenino. Dra. Silvia Rodríguez, ella es la Dra. Rodríguez.

Enfermera Ana María Fernández, ella es la enfermera Fernández. Y la asistente de ambas Rosario Bejarano, ella es la Srta. Bejarano.

La Arquitecta, la Ingeniera, la Licenciada Mariana Pons, es la Arq., Ing., o Lic. Pons.

Así también será correcto llamar a las personas: "Señor, disculpe. ¿Puede decirme qué hora es?", "Señora, disculpe. ¿Puedo mostrarle esta máquina lavaplatos?

Es incorrecto llamar a una persona atribuyéndole un título profesional si no la conoces y joven es una etapa de edad. Llamar a una persona; "joven" me puede traer esa silla por favor?, es incorrecto. La forma correcta es; "señor. Me trae esa silla por favor, si el es escenario es un lugar donde hay personas que prestan un servicio tales como; en un restaurant o salón de fiestas.

DON son las siglas de "de origen noble". Cuando una persona se refiere a otra con la expresión "don" es porque la gente la ha vuelto una palabra popular, lo mismo para doña. Decir "don" o "doña" a las personas es incorrecto.

Don Manuel es correcto. Don Martínez es incorrecto.

Amigo es una persona con quien creas vínculos; pasas tiempo con él, comes, visitas su casa, conoces a su familia. Decir amigo a una persona desconocida es incorrecto.

En concreto, llamar a una persona, hombre o mujer que acabas de conocer, lo puedes decir de la manera más sencilla; *señor o señora* para llamar su atención.

Módulo 13.- Responsabiliza las acciones de las personas.

En este módulo es conveniente aplicar las Reglas Básicas para hablar eficazmente. El verbo de la acción debe corresponder en cada caso con el pronombre.

Incorrecto	Correcto
No me dieron permiso de faltar el lunes.	El Sr. Jiménez no autorizó mi permiso para faltar.
Me dijeron que tengo que ayudar a Juan a entregar el pedido foráneo.	El Sr. Jiménez me pidió ayudar a Juan a entregar el pedido foráneo.
Este gobierno prometió un millón de empleos para este sexenio.	El Presidente prometió la creación de un millón de empleos en su sexenio.
Las banquetas de este rumbo están muy mal y no han hecho nada.	El Sr. Ovidio Melgarejo, presidente municipal, no ha hecho nada para arreglar las banquetas de este rumbo.
A mí no se me dijo nada de mi contrato.	El Lic. Chavarría no me dijo nada respecto de mi contrato de trabajo.

Módulo 14.- Hablar mucho no significa comunicar bien.

He escuchado decir "enchufa la lengua al cerebro". Esto significa "piensa antes lo que vas a decir", pero la gente regularmente no lo lleva a cabo; la gente habla y dice algo que ha obtenido de la demás gente.

Hay varias razones que confluyen para que esto ocurriera.

Esa es una signatura que ha funcionado anteriormente.

Es tiempo de ponerse creativo.

Son eventos de temporalidad.

El chiste es no problematizar.

El giro. Se sube con las piernas arriba de la pelota.

Es una casa que navegaría en los mares del mañana.

¿Será posible que me puedas ayudar?

Se reinició el recuento de los daños.

Señor, con esta inundación, estamos a 70 centímetros a partir de nuestro cuerpo.

Ataca en forma de bayoneta.

Estamos luchando para tratar de ayudar.

No me inspira confianza la situación física de Murray.

Sigo los direccionamientos de Wozniacky.

Los osos no tienen las habilidades para situarse ahí.

Puedes solicitar más pedirle algo a alguien.

Las favelas son lugares cruciales pero inaccesibles.

Los clásicos merecen volver a verse.

El chiste del dominó es que te vayas.

Esta canción es de la autoría de Alejandro Sanz.

Los doctores están estudiando para saber cuáles son las razones por las cuales murió dicho personaje.

El Lic. Pérez no dejará equivocarme en lo que les quiero decir.

Un evento donde se conjugó la inteligencia y la creatividad para el gusto de todos.

Le comentamos que el IFE dará cuentas claras en estas elecciones.

Me tocó que le llorara varias veces.

Va a haber nubosidad por la tarde-noche.

Son porque se pone el mar está muy picado.

Es ciertamente pragmático que tome esa actitud de nueva cuenta.

Apoyados por su hogar y por sus padres deben salir adelante.

Módulo 15.- La comunicación escrita.

Forma incorrecta:

Dos muchachos refrescándose en una fuente en una acera de Berlín del Este. Julio de 1956.

Forma correcta:

"Dos muchachos refrescándose con un grifo de agua, en una acera en Berlín. Julio, 1956".

Nota: No existe Berlín del Este, sino Alemania del Este cuya Capital fue Berlín y actualmente Alemania está unificada desde 1990 y la capital es Berlín.

Forma incorrecta:

Tanque ruso T34 patrullando las calles de Berlín Este. Las tropas acudieron a sofocar una revuelta contra el gobierno ocurrida en julio de 1953.

Alguien redactó lo anterior en la portada de Yahoo para acaparar la atención de sus lectores. Sin embargo, esta es una pésima redacción ya que un tanque no sofoca, ni la palabra revuelta es correcta. Además de que esta persona que redactó este pie de foto, no obtuvo la información real e inventó su historia. Los rusos y los americanos invadieron Alemania al terminar la II guerra mundial. La URSS se posesionó de una parte de Alemania y por tal razón la denominaron Alemania del Este y Estados Unidos se posesionó de la otra parte por tal razón la denominaron Alemania del Oeste, por lo tanto en ese momento a que corresponde la foto, no pudieron estar las personas civiles en contra de ningún gobierno. Sólo prevalece la presencia del ejército ruso dentro de Berlín.

Descripción falsa: Su escote de infarto dejó a todos boquiabiertos.

Descripción verdadera en inglés:

A Philadelphia Eagles cheerleader performs during the second half of an NFL preseason football game against the Pittsburgh Steelers.

Esta observación elocuente, comprueba que algunas personas inventan y describen erróneamente los hechos.

Esta es una señal escrita correctamente.

Módulo 16.- Evita conflictos hablando eficazmente.

Anécdota en el servicio médico de la UNAM:

-Doctor, buenos días. Disculpe, soy exalumno de la UNAM, tengo una lesión en el tendón del pie izquierdo. ¿Me puede revisar?

-¡Imagínese que tengamos que atender a todos los exalumnos!

La mejor forma y más eficaz de evitar un conflicto habría sido:

-No. Sólo atendemos a alumnos activos. Buen día, señor.

-De acuerdo. Muchas gracias de todas maneras doctor.

Anécdota en una oficina:

-Buenos días, Eduardo.

-Disculpa, ¿tú encendiste la cafetera?

-¡Ya me vas a regañar! Yo solamente acabo de llegar…

Forma correcta y eficaz de contestar:

-No. Yo no la encendí.

Anécdota en un restaurante:

-Mesero, pruebe la sopa.

-¿Está fría?

-Pruebe la sopa.

-¿No es la que ordenó?

-¡Pruebe la sopa!

-Disculpe, no tiene cuchara. Le traeré una cuchara ahora mismo señora.

Forma eficaz de evitar un conflicto:

-Mesero, ¿puede traerme una cuchara por favor?

Anécdota en una casa de familia:

-¡Qué rica comida cocinaste!

-¿Hay tortillas?

-¡Ya vas a querer tortillas! Hay pan en la mesa. Me tomó mucho tiempo hacer la comida.

-Yo sólo pregunté si hay tortillas.

Forma correcta de responder y evitar una pelea:

-No. No hay tortillas.

Adicionalmente, todos tenemos una perspectiva diferente, de tal forma que muchas veces lo que alguien dice no significa que alguien más lo entenderá igual y viceversa.

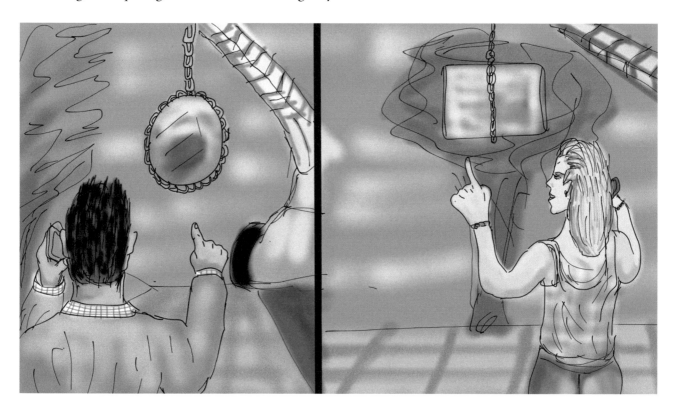

-Yo veo un cuadrado.

-Pues yo veo un círculo.

Conflicto:

-¡Que yo veo un cuadrado!

-¡Y yo veo un círculo!

Módulo 17.- Siglas e iniciales.

Las iniciales son las primeras letras del nombre y apellidos de las personas. Pueden ser escritas con o sin puntos después de cada letra. Las abreviaturas o abreviaciones consisten en escribir una palabra con menor cantidad de letras. Por ejemplo:

A/A - a la atención de.

a/a – aire acondicionado.

a/f – a favor.

Afmo., afma. – Afectísimo, afectísima.

(a) – alias.

Abr. – abreviación.

Abg. – Abogado.

Admón. – Administración.

Bco. – blanco.

Biol. – biología.

Las siglas son las iniciales de alguna institución privada o de gobierno, así como de algún invento de uso común. Ejemplos de esto son:

INBA.- Instituto Nacional de Bellas Artes.

ONU.- Organización de las Naciones Unidas.

ONG – organización no gubernamental.

Busca el significado de las siguientes siglas:

OVNI, RADAR, LASER, GPS, USB, CPU.

Mucha gente dice:

- Escribe una G punto, una A punto y una S punto.

- Escribe licenciado, sólo las 3 primeras letras. La primera mayúscula.

Con lo anterior demuestro que la gente no estudia español.

La forma correcta es:

-Mis iniciales son: G.A.S. y abrevia Lic.

Módulo 18.- Acentuación.

La acentuación es un problema para muchos, algunas personas acentúan "bién" esto lo hacen porque deducen que como también va acentuada, bién también debe ser acentuada y otro caso similar pasa con la palabra "a través", la gente deduce que como la palabra es escrita "vez" ellos escriben "atravez".

Bien es correcto, a través es correcto.

Tú es pronombre y tu es un adverbio de posesión.

Ven a cambiar **tú** coche usado por uno nuevo, es incorrecto.

Ven a cambiar tu coche usado por uno nuevo, es correcto.

Así mismo he visto acentuado; hándicap, páy, sándwich, que son palabras en inglés.

A continuación ve estas fotos, fueron tomadas de internet, la gente comete muchos errores ortográficos y de acentuación.

"Ahún" es incorrecto. "Aun" o "aún" es correcto según el caso.

"Creó" del verbo crear, "creo" del verbo creer.

"Aunqué" es incorrecto, "aunque" es correcto. "Estes" es incorrecto, "estés" es correcto.

Y la siguiente foto fue tomada de la televisión con error de acentuación.

HAWAII ES NOMBRE PROPIO DE UN LUGAR, **NO DEBE SER ACENTUADA y debe ser escrita con doble i**.

Módulo 19.- Toma los encargos, tareas y asuntos en general como propios.

Igual que ya asumiste la responsabilidad de hablar conjugando los verbos con los pronombres personales, cada vez que tengas un encargo, una tarea o un asunto de otra persona, deberás llevarlo a cabo como propio. De esta manera los resolverás mejor.

Incorrecto	Correcto
Mamá, mi maestra me dejó de tarea hacer una figura de plastilina. ¿Me das dinero para comprarla?	Mamá. Tengo que hacer de tarea una figura de plastilina. ¿Me das dinero para comprarla?
Buenas tardes, me pidió mi papá que le comprara una brocha y una cubeta de pintura de color blanco. ¿En cuánto saldrían?	Buenas tardes, quiero una brocha y una cubeta de pintura blanca. ¿Cuánto cuestan?
Buenas tardes, Fernando, tengo un cliente que quiere que le consiga cincuenta regalos para sus empleados. ¿Tienes algunos?	Hola, Fernando, estoy buscando cincuenta regalos. ¿Tienes algo?

Módulo 20.- En defensa del idioma español.

Desde hace mucho tiempo, los hispanoparlantes han mezclado el idioma español con el idioma inglés al hablar y escribir, de tal forma que este hábito ha ido en aumento.

Mándame un *mailing reminder* para agendar tu cita, me dijo una vez una persona.

Esta es una tarjeta de presentación de un empleado de una empresa y tiene impresas ¡ocho palabras en inglés!

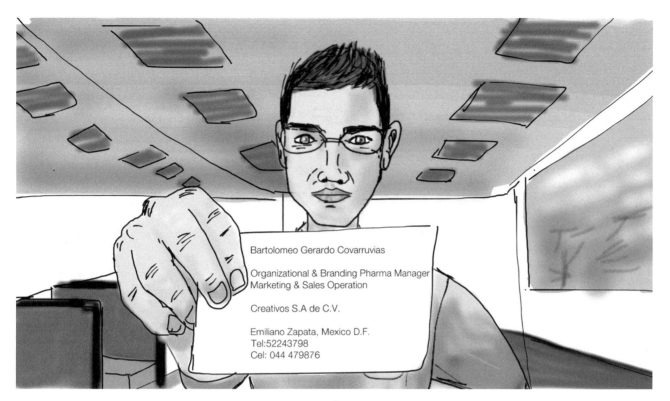

Bartolomeo Gerardo Covarruvias

Organizational & Branding Pharma Manager
Marketing & Sales Operation

Creativos S.A de C.V.

Emiliano Zapata, Mexico D.F.
Tel:52243798
Cel: 044 479876

Todo esto Guillermo quiere decir CAPACITACIÓN, me dijo.

BIENVENIDOS SKY BAR

CLvN MEMBER LAVANDERIA

CORTESFUN

SKATESHOP HILL BOMB

PET'S LAND

Asimismo, en esta fachada, cinco lonas tienen once palabras en inglés.

Con la siguiente ilustración demuestro que las personas quieren hablar el idioma inglés como hablan español.

El texto en este aviso puede ser más efectivo al ser escrito en ambos idiomas puesto que está en un aeropuerto en México, como sigue:

WARNING!

NO LIQUIDS OR GELS MORE THAN 3.4 oz.

BEYOND THIS POINT.

OTHERWISE WILL BE TAKEN OFF BY

PROPER AUTHORITY.

¡ADVERTENCIA!

LÍQUIDOS Y GELS de más de 100 ml.

NO PASAN O SERÁN RETIRADOS

POR PERSONAL AUTORIZADO.

He escuchado el uso de las siguientes expresiones en inglés que usa la gente: *ok, background, know-how, staff, manager, training, couching, bulling, alright, my friend, brother, el pressing* y muchas más. Y también traducen y cambian los nombres o apellidos a este idioma, por ejemplo *Peter* en vez de Pedro, *Henry* por Enrique, *George* por Jorge, etc.

Muchas veces me pregunté:

-¿En qué momento me puedo "lucir" usando la palabra *background*? Y mi conclusión es que no debo usar palabras en inglés puesto que yo hablo español.

Hace tiempo yo me sentía torpe, retraído, a veces tonto porque no comprendía muchas cosas que los maestros impartían en la clase, sobre todo en la secundaria y la preparatoria. Pero he preguntado a mis conocidos y ellos me han dicho que tampoco entendieron muchas veces igualmente. Coincidimos que el sistema educativo en México muchas veces es deficiente. Por lo tanto son los maestros son quienes deben estudiar y ser capacitados para comunicarse eficazmente y con esto podrán enseñar mejor a sus alumnos.

A continuación, muestro el cuestionario (no *test*) que fue entregado a los padres de familia de alumnos de secundaria pública. Es notable que el desarrollo de este cuestionario no fue escrito ni hecho por alguien capacitado en español para redactar y hacer preguntas ni supervisadas por alguien especializado en educación.

TEST SUGERIDO PARA EVALUAR LAS INTELIGENCIAS MÚLTIPLES
PARA NIÑOS

INSTRUCCIONES: CONTESTA EL SIGUIENTE CUESTIONARIO EN EL CUAL

1. LE DESAGRADA
2. NO LE GUSTA
3. MÁS O MENOS
4. LE GUSTA
5. LE GUSTA MUCHO

PREGUNTAS	1	2	3	4	5
1. TE GUSTAN LOS NÚMEROS					
2. TE GUSTAN LAS PLANTAS					
3. TE APRENDES CANCIONES CON FACILIDAD					
4. TE GUSTA CONOCER A GENTE NUEVA					
5. SE TE QUEDA CON FACILIDAD LOS ROSTROS DE PERSONAS QUE VES SOLO UNA VES					
6. PREFIERES TRABAJAR DE FORMA INDIVIDUAL QUE EN EQUIPO					
7. TE APRENDES CON FACILIDAD NOMBRES DE PERSONAS QUE APENAS CONOCES					
8. PREFIERES EL MATERIAL DE CONSTRUCCIÓN QUE VER T.V					
9. TE GUSTA CONTAR					
10. PREFIERES EL BOSQUE QUE LA CIUDAD					
11. PREFIERES LA RADIO QUE LA T.V					
12. HABLAS CON PERSONAS QUE NO CONOCES					
13. PREFIERES CUENTOS CON IMÁGENES QUE LOS QUE TIENEN LETRAS					
14. TE GUSTA ESTAR SOLO					
15. DISFRUTAS LOS JUEGOS DE PALABRAS					
16. TE CUESTA ESTAR QUIETO POR MUCHO TIEMPO					
17. TE GUSTA MEDIR, CON PASOS, OBJETOS O UNA REGLA LAS COSAS QUE ESTÁN A TU ALREDEDOR					
18. CUANDO VES UNA BASURA FUERA DE SU LUGAR TE REGRESAS A LEVANTARLA					
19. CUANDO ESTAS TRABAJANDO O JUGANDO CANTAS ALGUNA CANCIÓN					
20. TE GUSTA PARTICIPAR EN ACTIVIDADES EN EQUIPO					
21. TE GUSTA VER LA T.V					

En esta ilustración está demostrada la importancia de las "comas".

Y en esta ilustración está demostrado el valor de las palabras. ¿Usas k en vez de qué?

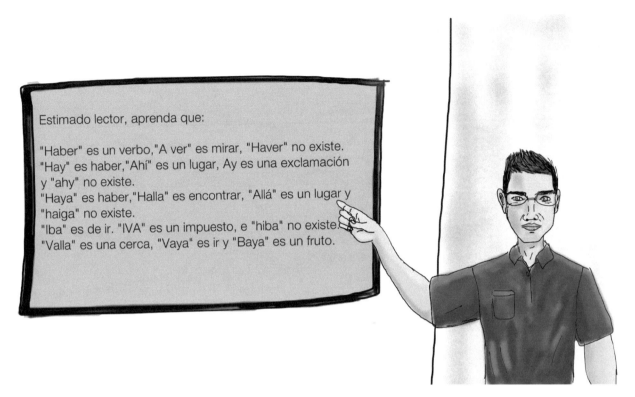

Estimado lector, aprenda que:

"Haber" es un verbo,"A ver" es mirar, "Haver" no existe.
"Hay" es haber,"Ahí" es un lugar, Ay es una exclamación
y "ahy" no existe.
"Haya" es haber,"Halla" es encontrar, "Allá" es un lugar y
"haiga" no existe.
"Iba" es de ir. "IVA" es un impuesto, e "hiba" no existe.
"Valla" es una cerca, "Vaya" es ir y "Baya" es un fruto.

Ahora que has leído este manual y has aprendido las reglas básicas, ¿crees que debes estudiar más nuestro idioma para usar y decir las palabras adecuadas al momento de querer comunicarte para que no cometer tantos errores al hablar? Soy sólo alguien de muchos inquietos que quiero aportar algo a todos los que quieren comunicarse mejor.

La manera de hablar debe ser eficiente clara y concreta, busca y pronuncia las palabras adecuadas, conjuga los verbos con los pronombres personales correspondientes y en el tiempo correspondiente. Recuerda que todo lo que queremos comunicar las personas está relacionado con nosotros mismos, las personas, y que los verbos son acciones que llevamos a cabo los seres humanos, no una institución, ni una empresa, ni un gobierno, somos las personas, por lo tanto conjuga los verbos con los pronombres correspondientes y así pondrás en orden tu vocabulario para comunicarte eficazmente y por consiguiente tu mente. Toma en cuenta que tu manera de hablar "te abre o cierra puertas".

Las personas no hablamos ni bien ni mal. Hablamos eficaz o ineficazmente. ¿De qué lado quiere estar?

Y toma en cuenta también que el lenguaje debe ser estético porque todas las personas observamos cómo hablan los demás.

Printed in the United States
By Bookmasters